O tempo no jardim

Editora Appris Ltda.
1.ª Edição - Copyright© 2023 da autora
Direitos de Edição Reservados à Editora Appris Ltda.

Nenhuma parte desta obra poderá ser utilizada indevidamente, sem estar de acordo com a Lei nº 9.610/98. Se incorreções forem encontradas, serão de exclusiva responsabilidade de seus organizadores. Foi realizado o Depósito Legal na Fundação Biblioteca Nacional, de acordo com as Leis nos 10.994, de 14/12/2004, e 12.192, de 14/01/2010.

Catalogação na Fonte
Elaborado por: Josefina A. S. Guedes
Bibliotecária CRB 9/870

C972t
2023
	Cunha, Paula Vieira Carneiro da
	   O tempo no jardim / Paula Vieira Carneiro da Cunha. – 1 ed. –
	Curitiba : Appris, 2023.
	   72 p. : il. ; 21 cm.
	
	   ISBN 978-65-250-5431-5
	
	   1. Poesia brasileira. 2. Imaginação. 3. Espiritualidade. I. Título.
	
	                                                        CDD – B869.1

Appris
editora

Editora e Livraria Appris Ltda.
Av. Manoel Ribas, 2265 – Mercês
Curitiba/PR – CEP: 80810-002
Tel. (41) 3156 - 4731
www.editoraappris.com.br

Printed in Brazil
Impresso no Brasil

O tempo no jardim

Paula Vieira Carneiro da Cunha

Appris
editora

FICHA TÉCNICA

EDITORIAL — Augusto Coelho
Sara C. de Andrade Coelho

COMITÊ EDITORIAL — Marli Caetano
Andréa Barbosa Gouveia (UFPR)
Jacques de Lima Ferreira (UP)
Marilda Aparecida Behrens (PUCPR)
Ana El Achkar (UNIVERSO/RJ)
Conrado Moreira Mendes (PUC-MG)
Eliete Correia dos Santos (UEPB)
Fabiano Santos (UERJ/IESP)
Francinete Fernandes de Sousa (UEPB)
Francisco Carlos Duarte (PUCPR)
Francisco de Assis (Fiam-Faam, SP, Brasil)
Juliana Reichert Assunção Tonelli (UEL)
Maria Aparecida Barbosa (USP)
Maria Helena Zamora (PUC-Rio)
Maria Margarida de Andrade (Umack)
Roque Ismael da Costa Güllich (UFFS)
Toni Reis (UFPR)
Valdomiro de Oliveira (UFPR)
Valério Brusamolin (IFPR)

SUPERVISOR DA PRODUÇÃO — Renata Cristina Lopes Miccelli

ASSESSORIA EDITORIAL — William Rodrigues

REVISÃO — Katine Walmrath

PRODUÇÃO EDITORIAL — William Rodrigues

DIAGRAMAÇÃO — Yaidiris Torres

CAPA — Julie Lopes

REVISÃO DE PROVA — William Rodrigues

Para os amantes corajosos!

Ao irmão Francisco Solano Carneiro da Cunha (in memoriam)
e à Juliana Carneiro da Cunha

Que esta noite possa ser duas noites.
(Safo de Lesbos)

IT'S NOW OR NEVER
KISS ME MY DARLING
BE MINE TONIGHT
TOMORROW WILL BE TOO LATE.
(Elvis Presley)

APRESENTAÇÃO

Em 1994, estando em Paris, na casa de Juliana (irmã), eu fazia planos para viajar ao Egito, em busca de viver o mito solar, o que se torna uma realidade em dezembro.

Escrevi a M.-L. Von Franz, por causa do livro *Alquimia*, onde relata o mito de Osíris — pensava ir até ela, mas sua resposta gentil foi esta:

"Malheuresement je ne peux pás vous recevoir, je le regrette vivement."

Ela estava doente.

Assim parti para a Terra do Sol, em uma viagem com apoio do Ministério de Turismo, só me reservei uma passagem pelo deserto, em ônibus comum — até o mar. No Cairo, fui com uma guia que cobria com véu a cabeça, uma moça, não lembro seu nome, até as pirâmides, eu não entrei dentro delas, mas em um sonho que tive, muito depois, eu descobria um tesouro na pirâmide.

O cruzeiro pelo rio Nilo, no Cairo, é um sonho de muita gente. Nosso guia, Mohamed, que falava inglês, nos levou aos templos de Ísis, Osíris e Hórus. Curiosamente os cinco continentes estavam presentes, um casal de americanos, um casal de europeus, uma russa e eu, chamada de "Brasil". Karnack, o grande templo, foi a última etapa, com o deus carneiro — Amon-Rá. Essa arquitetura parece tocar o céu.

Na volta, fiquei atenta aos sonhos, que formam uma tessitura solar, nesses dez anos.

Eis a série que anotei, desde 1996:

1997 — Rio de Janeiro. Rua Maria Angélica. Mohamed, meu guia, surge como um namorado — mais tarde esse namoro existiria num plano muito real —, sugerido na presença oculta, mas muito real.

Nunca li muito sobre o mito solar, deixando fluir na minha vida um processo de solarização.

1999 — um outro sonho: ouço "Esse povo sabe o que faz".

2001 — Niterói. Casa Travessa São Luiz: atravessando a baía, de BARCA, vejo Lygia Pape, na ponta dela. Ela tem os cabelos que cobrem o rosto. Eu me ajoelho, perto dela, e mostro um pano com um rosto.

2003 — HORTO. Lygia e eu estamos frente a frente. Nossos rostos à luz do sol. Na sua rua, Rua Inglês de Souza. Momento de luz, que continua com a presença de Hélio Eichbauer.

2006 — Depois da exposição de Hélio nos Correios (40 anos de Cenografia). Estou na casa dele, que tem uma escada feita de material translúcido (vidro), ela leva ao andar de baixo. Como uma iniciação. A casa de meu pai em São Paulo tinha essa planta. Na sua exposição, Hélio escreveu o catálogo: "Construindo e dentro do labirinto, o caminho é a luz!".

2007 — Estou dentro da pirâmide. Dentro há um tesouro, mas não vejo claramente. Chamo de "sarça ardente".

2009 — Assisto a uma palestra, sobre os sonhos, que me impressiona.

O tema do Unicórnio. Uma tela minha de pintura está em uma galeria. Com esse tema. As telas todas (12) no chão. Um homem está atrás dela. De perto. Ele é mais alto que eu, não enxergo a cabeça. Ele roubou a tela. Fim do curso. Ao amanhecer, uma clareira, onde todos estão com o professor.

A autora

SUMÁRIO

CANTIGA À VIRGEM MARIA...15
LUA CHEIA...17
O BELO MARCUS..19
O NASCIMENTO DO MITO...21
ADÈLE H..23
CÉU DE LATA..25
A TERRA DEVASTADA...27
DANÇO, GIRO PELOS ASTROS..29
A BELA ENFIM — O MITO DA HISTÓRIA...................................31
LA VOIE ROYALE..33
CHARTRES...35
OURO MAR — MUNDO..37
IMPASSE..39
A SOMBRA DO DIVINO AMOR..41
TEMPO AVESSO..43
DA SÉRIE: O MUNDO..45
PÁSCOA EM CHARTRES..47
CENTRO DO MUNDO...49
JOVEM DE CHANIA...51
CASA DE CONSTANTINO...53
A VERDEJANTE...55
CADERNO 2017-2018...57
INVENTÁRIO DA SAUDADE..59
MITO...61
OS TORMENTOS DE AFRODITE...63
BENEDICTA SOLITUDE...65
ALMA DA CASA...67
"A LISBOA DE FERNANDO PESSOA"...69
ÁLVARO DE CAMPOS — "LISBON REVISITED" (26-4-1926).......71

CANTIGA À VIRGEM MARIA

Autor: Rei Afonso X. Portugal

Rosas das rosas
Flor das flores
Senhora das senhoras
Rosa de beleza e prazer

Senhora que acalma as dores
Esta mulher que me domina
E de que sou Trovador
Se possuir seu amor

Dou ao demo os outros amores

IDADE MÉDIA

LUA CHEIA

Roguei à Virgem Maria
Para rever meu amor
Numa noite de lua cheia
E de mar prateado
Vou rever meu namorado

Ele tem a tez morena
Uns punhos finos
Supliquei à Virgem
— Olhar o homem moreno
Perder o chão!

Tem no seu nome o mar
Águas salgadas enfim!

O BELO MARCUS

Quando te vejo
— na escada
— no patamar
— perto do mar

Estás sozinho
— és quase eterno
Um deus solar

— É quase noite,
Eu te vejo e revejo
Você tão belo
Dentro de mim

Um sonho, um beijo
— É quase dia!

O NASCIMENTO DO MITO

Vou te revelar, Marcus
Como nasce o mito,
Preciso olhar o teu olhar
A primavera chegar

Meu corpo desabrochar
Meu corpo de açucena,
Desejo, muito desejo
Do teu colo, do teu beijo

Do teu cheiro de cão vadio,
Eu…
Mais que tudo sua alma
Nessa tarde ensolarada.

ADÈLE H.

Aqui estou, neste pequeno hotel, depois de jantar.
Meu Deus, como estou sozinha!
Ontem te vi com tua mulher, caminhando pelas ruas da cidade.
Ias tão airoso, eu te desejo tanto, como uma louca…
Amanhã seguirás de navio, com os outros, para se casar.
Eu também estarei presente e coloco um anúncio no jornal sobre o
Nosso casamento.
Eu não me perdoo por fazer isso, mas tampouco posso perdoar o
Seu descaso absoluto pela minha paixão.
Quero muito ser feliz.
Tua eternamente

Adèle H.

CÉU DE LATA

A lua desata sua luz de prata
No Céu de Lata,
Aqui neste bar, a esta hora da noite
Estou, mas você não vem!

No bar da Lapa
Jogando bilhar
SEU VIRA-LATA!

Meu corpo, puro desejo
Nesta hora insone…

A TERRA DEVASTADA

Je pense que tu me "canse"
Dans ta beauté, dans ton silence...

O rei pescador
Está ferido numa carroça em alta velocidade
Um socorro se faz urgente,
Racha a Terra sob o sol inclemente
Terra ausente
Antes da primavera
Berra a donzela horrorosa
À beira da estrada-nada

Enquanto PARSIFAL
Enquanto PARSIFAL
Lê um jornal.

DANÇO, GIRO PELOS ASTROS

Você é complexo, garoto
Eu sou selfinha…
Danço, giro pelos astros
Bebo de uma fonte eterna
— Mas sou moderna!

A BELA ENFIM — O MITO DA HISTÓRIA

Peço a meus pais
Força nessa cilada
— O mundo me espreita
— Todas as ofertas de um rei

Ali estarei, eu sei
Nessa hora extrema
A certeza de viver
Aqui e agora
Para cumprir meu desígnio (sagrado)

Um breve legado
Enquanto viver
Majestoso legado!

LA VOIE ROYALE

Paris, je t'aime
Belle ville de ma vie
Je me promene
Au Bois de Vincennes

J'invite mon ami
Éclatante de beauté
Allons sur les Champs Élisées

Je lui regarde au fond
Dês yeux merveilleux
Je te donne cette chanson
D'une femme amoureuse.

CHARTRES

Seus vitrais azuis
Coa uma luz pelos vitrais
Resplandece
Ascende o labirinto
Volutas em sol
Formam um eixo
Digo como o xamã
— Vem, Amor! Até o centro

Um grito ecoa
Através dos séculos
— em pleno vazio
Chartres chama o mundo.

OURO MAR – MUNDO

Nem tanto ao mar,
Nem tanto à terra

Ah, meu amor, que longa espera!

Nem tanto à terra
A terra gira em sua esfera

Nem tanto ao mar
Azul e profundo

Nem tanto à terra.

IMPASSE

Nem mais um passo
Mesmo uma senha
No espaço do seu abraço
Nesse abraço do seu espaço

Ai, que sufoco
Me sinto prenha
Peço, tontinha
— Me dá mingau!

Nem mais um passo
Mesmo uma senha.

A SOMBRA DO DIVINO AMOR

Eu sou a flor de ouro
E moro num palácio
À beira-mar... de Zeus
Que cai em (mim) chuva fina

E transpassa de amor
A flor de mágoa
Rosa branca a flor
Amarelo púrpura o ouro

Eu sou a flor da China
Guardo o segredo
Da alma imortal
Que habita em mim

O mundo passa, passa
E não transpassa
O divino amor
Em pétalas sutis

TEMPO AVESSO

Guardemos, irmã
Aquela hora
Em que corríamos
Na casa de nossos pais

Guardaremos, irmã
Aquela história
Que foi contada
E não volta nunca mais
Ai de nós

Guardemos, irmã
A nossa escola
Onde brincávamos
Nas horas matinais

Guardemos, irmã
A luz da aurora
No jardim feérico
Em nossas vidas agora

Guardemos, irmã querida
O tempo avesso
Em largas taças
Em finos adereços...

DA SÉRIE: O MUNDO

Hoje estou em sua casa,
Útero que abraça
E lança-me à vida,
Aos deuses digo um breve adeus
Guardo as asas que agasalham
Entro no mundo e suas garras!

Ao mundo eterno
Me vou, por um mortal mais belo,
Eros lançou suas setas
Na grande predileta...

Espero ter espaço e tempo
Como tive no longo cativeiro,
Por ora é só, meus Amigos,
A luz do sol nascendo na colina,
Apaga toda essa neblina!

PÁSCOA EM CHARTRES

A luz do sol ilumina o chão da catedral
Meus pés percorrem esse Labirinto tão grego,
Inscrito em ritmos noturnos e diurnos
Na luz do Amor Divino, para o Hierofante de
rara beleza

Pergunto ao deus abscôndito — Quem sou eu?
E acordo no jardim da primavera eterna... o mar
bate na praia
O mar azul das ilhas me envolve.
Ah! Como sou feliz nessa aurora, o rosto lumi-
noso de Safo,
Olha o mar e anuncia a Paixão,
Anjos ladeiam Galaad, em sua viagem mais
que noturna

Não há tempo para temer a ausência dos
seres amados.
Apenas ser, aqui e agora, breve legado
Testemunha escura da vida em mim vivida.
Assim

Vamos indo, sem medo, com coragem, na Pás-
coa azulada
Da luz luminosa que brilha em Chartres... Nas-
cendo de novo, pelo espírito, pela fé e esperança.

CENTRO DO MUNDO

Este mar não morrerá jamais, não envelhecerá
Nem deixará de ser azul ou cessará
Neste mar sempre velejará
O barco frágil e negro de Dionísio
O mastro enredado em videiras
Entre delfins que saltam

Não importa que navios fumegantes e fétidos
Da "P & O" e da "Orient Line"
Atravessem com pontualidade de relógio a distância minoica!
Eles apenas atravessam, mas a distância não muda.

E agora que a lua alta pode olhar
Fazendo dos corpos dos homens pura luz radiosa,
Vejo descer dos navios ancorados na aurora
No infalível retorno
Homens nus e esguios de Cnossos, com seu sorriso arcaico,
Murmurando a música de idiomas perdidos
Acocorados nas praias, em torno das fogueiras.

Deuses minoicos, deuses de Tirinto
Riem, conversam, em surdina como sempre
E o jovem Dionísio, o deus estrangeiro,
Junto ao limiar se inclina e escuta reverente.

Poesia de D. H. Lawrence
Tradução de Dora Ferreira da Silva

JOVEM DE CHANIA

No porto veneziano
Flutua meu coração
No sorriso de um grego
Na Água azulada...

Banho de mar, enredo
Minha nudez sorria
Ao seu sorriso infantil
DIONÍSIO seria?
E na despedida sorriu...

CASA DE CONSTANTINO

Aqui a Casa em que brincou,
Belas janelas e porta abertas
Para o Jardim... fazia Sol,
Fazia dia, fazia Amor!'

Pelos quartos corria
Desfazia (o gato atrás),
E na cozinha comia um doce
Feito de Amor

Na velha casa ecoa o riso
Desse menino que é um Sol
Todos os dias — Alma da Casa —
Em que brincou!

A VERDEJANTE

Os amantes Mon Désir
Ao meio

E afinal serei lá
Ilha ao mar
Corpo de espuma
Ventre ao vento

Chame meu nome
Forasteiro bem-vindo
Ao Palácio:
Ilha, Mar
Espuma do Olhar

CADERNO 2017–2018

Santa Catarina de Gênova
Puro Cristal

Se descer aos Ínferos e
Ferrugem me cobrir de cinza
Ah! Deus, que sofrimento

Sofrimento e alegria
Da visão da Luz Divina
Toda noite todo dia
E serei puro cristal!

INVENTÁRIO DA SAUDADE

Conto meus mortos
Conto nos dedos da mão
Inútil operação
Não cabem nos dedos da mão
Não cabem em meu coração

Agora! Onde estarão?
São tantos e eram bons
Saudade, palavra saudosa.

Ai, que pudesse revê-los
Assim de repente
Ouvi uma risada...
Bom dia, Amiga
Boa noite, Irmão

Em cada canto da casa
Uma presença
Agora mais do que nunca
Os mortos ensaiam seus passos
No imenso espaço da saudade.

MITO

Não sei se o sol nascerá
Só dessa vez
Agora que partiu o Deus
Deixando no seu rastro Saudade
Cai a noite antiga
Não sei se o sol nascerá
Em nosso socorro!
Escuta-me, Aurora

OS TORMENTOS DE AFRODITE

Ele passa pela rua
Esse jovem tão bonito
De cabelos compridos

Chamá-lo jamais!
Amá-lo demais
Na primavera vou ao jardim
Que a vida me dê beleza
Vida tão preciosa
O jovem passa no jardim
Aqui no espaço da felicidade.

BENEDICTA SOLITUDE

No aconchego
Solidão — no aconchego do meu quarto
Invoco o grande solitário
Rainer Maria Rilke
No seu castelo
Nas cartas a um grande poeta

Silêncio profundo — e verde
Sonhos com os amigos — saudade
Meu filho querido,
No silêncio profundo e vem aurora
O canto dos pássaros

Busco no ritmo uma rima
Aqui e agora.

ALMA DA CASA

A casa de meu pai no Sumaré em São Paulo rodeada pelo jardim — A Casa Rosa.

A lareira na sala e descendo a escada para o andar de baixo para os quartos e a biblioteca, proteção maior quanto aos maus espíritos.

Julgo lendo Gaston Bachelard maravilha seu texto em "Poética do Espaço". Do porão ao sótão o eixo vertical, o telhado toca o céu.

"A LISBOA DE FERNANDO PESSOA"

Que humano era o toque dos eléctricos
Que paisagem alegre a simples chuva na rua ressuscitada abismo
Oh! Lisboa, meu lar!
Pág. 19
13/6/1888 — Nascimento do Poeta
Pág. 26
No tempo em que festejavam os dias dos meus anos!
Eu era feliz e ninguém estava morto!
Na casa antiga, até eu fazer anos era uma tradição de séculos!
E a alegria de todos, e a minha, estava certa como uma religião qualquer.

Álvaro de Campos (15-10-1929)

ÁLVARO DE CAMPOS – "LISBON REVISITED" (26-4-1926)

Outra vez te revejo!
Cidade da minha infância pavorosamente perdida...
Cidade tanto alegre, outra vez sonho aqui...